Bibliografische Information der Deutschen Nationalbibliothek:

Die Deutsche Bibliothek verzeichnet diese Publikation in der Deutschen National-bibliografie; detaillierte bibliografische Daten sind im Internet über http://dnb.d-nb.de/ abrufbar.

Dieses Werk sowie alle darin enthaltenen einzelnen Beiträge und Abbildungen sind urheberrechtlich geschützt. Jede Verwertung, die nicht ausdrücklich vom Urheberrechtsschutz zugelassen ist, bedarf der vorherigen Zustimmung des Verla-ges. Das gilt insbesondere für Vervielfältigungen, Bearbeitungen, Übersetzungen, Mikroverfilmungen, Auswertungen durch Datenbanken und für die Einspeicherung und Verarbeitung in elektronische Systeme. Alle Rechte, auch die des auszugsweisen Nachdrucks, der fotomechanischen Wiedergabe (einschließlich Mikrokopie) sowie der Auswertung durch Datenbanken oder ähnliche Einrichtungen, vorbehalten.

Impressum:

Copyright © 2015 GRIN Verlag, Open Publishing GmbH
Druck und Bindung: Books on Demand GmbH, Norderstedt Germany
ISBN: 9783668213319

Dieses Buch bei GRIN:

http://www.grin.com/de/e-book/322011/mediation-als-kurative-interventionstechnik-bei-konfliktbelasteter-kommunikation

Frank Hager

Mediation als kurative Interventionstechnik bei konflikt-belasteter Kommunikation in Organisationen

GRIN Verlag

GRIN - Your knowledge has value

Der GRIN Verlag publiziert seit 1998 wissenschaftliche Arbeiten von Studenten, Hochschullehrern und anderen Akademikern als eBook und gedrucktes Buch. Die Verlagswebsite www.grin.com ist die ideale Plattform zur Veröffentlichung von Hausarbeiten, Abschlussarbeiten, wissenschaftlichen Aufsätzen, Dissertationen und Fachbüchern.

Besuchen Sie uns im Internet:

http://www.grin.com/

http://www.facebook.com/grincom

http://www.twitter.com/grin_com

Inhalt

1. Problemstellung, Zielsetzung und Aufbau der Arbeit 2

2. Grundlegendes über Konflikte.. 3

   2.1 Begriffsbestimmung, Definition und Abgrenzung 3

   2.2 Die Arten von Konflikten und ihre Entstehung 5

   2.3 Die Ursachen von Konflikten und die Ebenen der Kommunikation..................... 7

   2.4 Das Modell der Konflikteskalation nach Glasl und die Dynamik eines Konfliktes 10

   2.5 Auswirkungen von Konflikten 13

   2.6 Zwischenfazit... 14

3. Mediation als kurative Disziplin der Organisationsentwicklung bei Konflikten 14

   3.1 Was ist Mediation? 15

   3.2 Die Rolle des Mediators als neutraler Dritter... 16

   3.3 Mediation, ein strukturiertes Konfliktbeilegungsverfahren................................... 17

   3.4 Vorteile des Mediationsverfahrens in Veränderungsprozessen............................ 19

   3.5 Kritik an der Mediation als Konfliktbewältigungsverfahren................................ 21

4. Fazit und Ausblick.. 22

5. Literaturverzeichnis.. 24

1. Problemstellung, Zielsetzung und Aufbau der Arbeit

Mediation ist in den letzten Jahren zwar im gesellschaftlichen Bereich als eine außergerichtliche Konfliktregelung in Mode gekommen, sie wird jedoch noch selten innerhalb der Organisationsentwicklung als Disziplin zur Beilegung von Streitigkeiten angewendet (vgl. Koschany-Rohbeck 2015, S. 33 f.). Dort, wo Menschen sich begegnen, gibt es Konfliktpotenzial. Denn Konflikte sind fester Bestandteil des sozialen Lebens, da jedes Individuum seine eigenen Ziele verfolgt und sich von seinen ganz persönlichen Bedürfnissen und Wertvorstellungen leiten lässt, die es auch befriedigen und durchsetzen möchte (vgl. Werpers 1999 S. 1 ff.). Insbesondere in modernen Organisationen, die durch Verbesserungs- und Veränderungsprozesse determiniert sind, kollidieren unterschiedlichste Ansichten und Interessen häufig, denn ihre Mitglieder müssen in einer komplexen und hierarchischen Struktur kooperieren, in der es für jeden Einzelnen aber immer schwieriger wird, organisationale Veränderungen zu meistern. Sie sind gezwungen, sich ständig anzupassen, mit der Folge, dass Unruhen in der Belegschaft eines Unternehmens entstehen.

Veränderungen im Arbeitsalltag lösen häufig Ängste und das Gefühl von Kontrollverlust aus. Wird seitens des Managements nicht auf diese Symptome eingegangen oder diese gar ignoriert, kommt es zu einer Verhärtung, die die Entstehung von Konflikten bzw. Widerständen als negative Begleiterscheinung begünstigt. Krusche (2015) spricht hier von „den zentralen Stolpersteinen bei Veränderungsprozessen". In Organisationen ohne entsprechende Unternehmenskultur muss mit schwerwiegenden Differenzen wie Misstrauen, konfliktbelasteter Kommunikation oder Streit zwischen den Mitgliedern gerechnet werden (vgl. ebd, vgl. Zink 2015, S. VII und S. 118 f., vgl. Krusche 2015, S. 21 f.).

Eine schonende Beilegung von Streitigkeiten verfolgt zum einen das Ziel, auch zukünftig produktiv zusammenzuarbeiten, zum anderen, den Streit zügig zu beenden, um Resignation oder auch Fluktuation in der Belegschaft zu vermeiden. Das Konzept der Mediation als eine gewaltfreie, konstruktive und strukturierte Bearbeitung von Konflikten stellt eine dazu geeignete Interventionstechnik dar.

Welche Vorteile könnte die Mediation als Disziplin der Organisationsentwicklung bei Veränderungen bieten? Können wirklich alle Konflikte durch dieses Verfahren schonend beigelegt werden oder gibt es Grenzen? Lassen sich durch die Mediation gute

2

Voraussetzungen für die weitere Zusammenarbeit der betroffenen Mitarbeiter schaffen? Ziel dieser Arbeit ist es, diese Fragen zu beantworten.

Diese Arbeit ist in vier Kapitel unterteilt. Im ersten Kapitel erfolgt die Hinführung des Lesers zum Thema. Das zweite Kapitel beschäftigt sich im Rahmen einer theoretischen Erörterung näher mit dem Themenkomplex „Konflikt" und stellt einen Bezug zwischen „Kommunikation" und „Widerständen" bei organisatorischen Veränderungen her. Das dritte Kapitel stellt die Mediation als strukturiertes Verfahren der konstruktiven Konfliktbearbeitung vor und benennt ihre Vorteile. Die Chancen der Mediation werden aber auch kritisch hinterfragt; dies ist besonders wichtig, falls Mediation als Alternative zu konventionellen Schlichtungsverfahren eingesetzt oder gar Teil der Unternehmens- und Konfliktkultur werden soll. Der Abschluss der Arbeit ist ein bewertendes Fazit.

2. Grundlegendes über Konflikte

Nachfolgender Abschnitt vermittelt ein Verständnis über die theoretische Grundlagen zum Themenkomplex „Konflikt". Diese Hintergründe sind für die Mediation als Interventionstechnik bei Konflikten in Organisationen bedeutsam, auf die im dritten Kapitel dieser Arbeit näher eingegangen wird. Ebenfalls braucht es für das weitere Verständnis eine Verbindung zwischen dem Konfliktbegriff und einer „konfliktbelastenden Kommunikation", sowie eine Anbindung an den Begriff des „Widerstands" bei organisationalen Veränderungen. Weiterhin werden in diesem Kapitel die Konfliktarten und Ebenen der Kommunikation sowie die Eskalationsstufen und Auswirkungen von Konflikten beschrieben. Dieses Kapitel schließt mit einem Zwischenfazit ab.

2.1 Begriffsbestimmung, Definition und Abgrenzung

Der Ursprung des Substantives „Konflikt" liegt im Lateinischen. „Conflictus" bedeutet so viel wie „zusammenschlagen" oder „zusammenstoßen" und „configere" das „Aneinandergeraten" oder auch das „Kämpfen" (vgl. Weibler 2012, S. 409 f.). Schon bei den Römern fand das Wort in „Arma configere" Anwendung – dem lauten Zusammenschlagen ihrer Waffen vor dem Kampf, um beim Feind Angst und Schrecken zu verbreiten und um ihn schon vor dem Kampf mental zu schwächen (vgl. Schettgen,

Peter, S. 101 f.). Wie die Etymologie des Konfliktbegriffes und insbesondere die kriegerische Herkunft schon erahnen lässt, geht es bei Konflikten um das Aufeinanderprallen widerstreitender Kräfte oder Tendenzen, durch die sich eine Spannung zwischen den Parteien aufbaut, die nach einer Lösung verlangt (vgl. Angler 2004, S. 4 f.).

Rüttinger und Sauer grenzen einen Konflikt jedoch ganz klar von der reinen Aggression ab, da bei einer beabsichtigten körperlichen und seelischen Schädigung einer Person grundlegende Merkmale eines Konfliktes fehlen (vgl. Rüttinger & Sauer 2000, S. 12). Auch ist nicht jede Meinungsverschiedenheit oder eine Situation, die von den beiden Parteien unterschiedlich wahrgenommen werden bereits ein Konflikt, welcher zu einem eskalierenden Streit ausartet. Nach der Ansicht von Höher (2014) handelt es sich erst dann um einen Konflikt, „wenn Handlungen eine Seite beeinträchtigen, wenn z. B. Versuche gemacht werden, den anderen zu überzeugen, wenn Druck ausgeübt wird oder Drohungen ausgeführt werden" (Höher 2014, S. 47). Ausschlaggebend ist demnach erst das konkrete Verhalten der Konfliktbeteiligten, die ihre Ansichten, Interessen oder Wünsche gegen die andere Seite durchzusetzen versuchen (vgl. Reschreiter 2013, S. 4 f.). Exemplarisch nennt Krusche (2015) in diesem Zusammenhang Veränderungsinitiativen, bei denen seitens des Managements versucht wird, die Beharrungskräfte von einzelnen Personengruppen durch gezielte Manipulationsversuche zu durchbrechen (vgl. Krusche 2015, S. 22 f.). Er liefert somit eine Verbindung zum Begriff des „Widerstands", der in diesem Zusammenhang aber eher die Blickrichtung auf nur eine Seite, nämlich die gegnerische Opposition, lenkt (vgl. Schiersmann, Thiel 2014, S. 435 f.). Für Glasl (1997) reicht es jedoch aus, wenn eine Partei die besagte Beeinträchtigung auf der Denk-, Gefühls- und/oder Handlungsebene als belastend empfindet (vgl. Glasl 1997 S. 14 f.). Die Begriffe Widerstand und Konflikt sollen aus diesem Grund in dieser Arbeit als gleichbedeutend angesehen.

Niklas Luhmann charakterisiert soziale Konflikte in Anbindung an Kommunikation. In seinen konflikttheoretischen Überlegungen geht er davon aus, dass immer dann ein Konflikt besteht, wenn einer Kommunikation widersprochen, also eine Ablehnung mitgeteilt wird. Der Autor definiert Kommunikation als das kleinste Element einer Gesellschaft, die die Grundlage und die Grenze sozialer Systeme darstellt: Durch die laufende Anschlusskommunikation entwickeln sich soziale Systeme immer weiter und

4

grenzen sich gegen ihre systemspezifische Umwelt ab. Luhmann spricht in diesem Zusammenhang von Autopoiesis, dem Prozess der Selbsterschaffung und -erhaltung eines sozialen Systems. Es kann nach seiner Ansicht auf zwei Arten an die Kommunikation angeschlossen werden: durch ein Zurückkommunizieren einer Zustimmung, was in der Regel zu einem Konsens führt, oder durch das Negieren einer Kommunikation. Letzteres kann zum Konflikt führen (vgl. Niebuhr 2011, S. 34 f.) und in der Folge zu einer Störung, die die Weiterentwicklung des Systems behindert. Auch Krusche (2015) beschreibt die mangelnde, unangemessene, unzureichende, oftmals gar fehlende Kommunikation bei Veränderungsprozessen und macht diese ebenfalls verantwortlich für das Scheitern bzw. die daraus resultierenden Widerstände (vgl. Krusche 2015, S. 27 f.).

Ein Konflikt liegt zusammenfassend also dann vor, wenn eine Gegensatzbeziehung zwischen einem oder mehreren Mitgliedern der Organisation wie Personen, Abteilungen, Teams, Fachbereichen, Shareholdern oder Stakeholdern besteht, welche aufgrund des Aufeinandertreffens von mindestens zwei unterschiedlichen Bedürfnissen, Zielen, Ansichten, Wertvorstellungen oder Reaktionen zustande kommt. Diese wirkt sich belastend oder störend auf die Denk-, Gefühls- und/oder Handlungsebene der einzelnen Parteien aus (vgl. Glasl 1997 S. 14 f., vgl. Schiersmann, Thiel 2014, S. 435 f.) und schädigt die Zusammenarbeit in der sowie die Entwicklung der Organisation nachhaltig.

2.2 Die Arten von Konflikten und ihre Entstehung

Den verschiedenen Konfliktarten wurde in theoretischen Arbeiten und Versuchen zur Kategorisierung schon viel Aufmerksamkeit zuteil. Aufgrund der Fülle an bestehenden Klassifizierungen im Rahmen der Organisationsentwicklung und des Konfliktmanagements sowie des vorgegebenen Rahmens dieser Arbeit konzentriert sie sich auf nur einige wenige Konfliktarten. Diese treten bei Veränderungsprozessen und in der einschlägigen Literatur jedoch besonders häufig auf.

Bei „Sachverhaltskonflikten" handelt es sich um jene, die durch unterschiedliche, unzureichende oder falsche Informationen sowie durch unterschiedliche Interpretationen und Einschätzungen dieser Informationen hervorgerufen werden.

Starke Emotionen in reinen Sachverhaltskonflikten lassen sich meist durch ein klärendes Gespräch schnell beruhigen (vgl. Proksch 2011, S. 6. f.).

Bei „Interessenkonflikten" stehen keine Fakten, sondern divergierende Interessenlagen, Verpflichtungen, Bindungen oder Ziele im Mittelpunkt.

Die zentrale Ursache in „Beziehungskonflikten" liegen in Emotionen begründet, die auf Gefühle, wie z. B. Angst, Frustration, Neid oder auf enttäuschte Erwartungen und sich wiederholende Missverständnisse zurückzuführen sind. Beziehungskonflikte beschreiben einen gestörten Umgang der Parteien miteinander und nicht die objektiven Umstände. Aufgrund falscher und unzureichender Kommunikation der Beteiligten werden sie häufig auf einer „anderen" Ebene ausgetragen und treten als Sachkonflikte getarnt auf.

„Wertekonflikte und Grundsatzkonflikte" beruhen auf unterschiedlichen Wertevorstellungen, auf individuellen Überzeugungen und Grundsätzen von mindestens einer Partei. In Organisationen kollidieren oftmals innere Werte mit einem Arbeitsbereich oder in Bezug auf eine bestimmte Fragestellung, die nicht zu den äußeren Werten, Gegebenheiten und Rahmenbedingungen des Unternehmens passen. Es handelt sich um fundamentale menschliche Haltungen, die eine Einigung der Betroffenen äußerst schwierig machen. Denn selbst ein singuläres Abweichen von Werten und Grundsätzen können Mitarbeiter gegenüber sich selbst oft nicht rechtfertigen.

„Strukturkonflikte" unterscheiden sich von den bisherigen Konfliktarten dadurch, dass sie nicht auf persönliche Differenzen von Organisationsmitgliedern zurückzuführen sind, sondern auf strukturelle Defizite in der Organisation selbst, die sich auf die einzelnen Konfliktparteien auswirken. Es geht dabei hauptsächlich um divergierende Prioritäten und Ziele, die stark voneinander abweichen. Aber auch Hindernisse, wie z. B. die geografische Entfernung zwischen internationalen Teams oder unterschiedliche Zugangsmöglichkeiten zu Medien oder Ansprechpartnern, können Auslöser von Strukturkonflikten sein (vgl. Proksch 2011, S. 7 ff., vgl. Depré 2012, S. 13 ff., vgl. Getting Involved 2015).

„Rollenkonflikte" erwachsen aus Neuverteilungen von Kompetenzen oder durch die Einbindung von Mitarbeitern in Veränderungsprojekte. Jede Rollenänderung birgt grundsätzlich eine Konfliktsituation in sich und bedarf vorab einer sorgfältigen Klärung (vgl Ziegler; Meyer 2013, S. 31 f., vgl. Zink 2015 S. 115 ff).

Schiersmann und Thiel (2014) sind davon überzeugt, dass Kategorisierungsversuche nur einen begrenzten praktischen Nutzen haben. Sie dienen allenfalls einer allgemeinen ersten Orientierung, da die verschiedenen Konflikttypen in der Regel nicht in Reinform auftreten, sondern in Kombination. Alle Konfliktarten und -ursachen berühren ihres Erachtens die Beziehungsebene (vgl. Schiersmann, Thiel 2014, S. 436 f.). Es ist also festzuhalten, dass es bei Konflikten während Veränderungsprozessen nur scheinbar um sachliche Entscheidungen, meist aber eher um die in Abschnitt 2.1 und von Glasl (1997) beschriebenen Gefühle und tieferliegenden Bedürfnisse der Beteiligten geht. Insofern ist es bei einer Intervention notwendig, zum eigentlichen Kern vorzustoßen, um einen Konflikt wirkungsvoll und nachhaltig beilegen zu können. Der nachfolgende Abschnitt wird dies noch weiter verdeutlichen.

2.3 Die Ursachen von Konflikten und die Ebenen der Kommunikation

Für Doppler und Lauterburg (2008) treten Widerständen bei Veränderungen ein, „wenn vorhergesehene Entscheidungen oder getroffene Maßnahmen, die auch bei sorgfältiger Prüfung als sinnvoll, 'logisch' oder sogar dringend notwendig erscheinen, aus zunächst nicht ersichtlichen Gründen bei einzelnen Individuen, bei einzelnen Gruppen oder bei der ganzen Belegschaft auf diffuse Ablehnung stoßen, nicht unmittelbar nachvollziehbare Bedenken erzeugen oder durch passives Verhalten unterlaufen werden" (vgl. Doppler; Lauterberg 2008, S. 336 f.). Hier wird das Aufeinandertreffen zweier Parteien deutlich, die wie schon einleitend erwähnt, ihre individuellen Ziele verfolgen und sich auch von ihren persönlichen Werten, Bedürfnissen und Einstellungen leiten lassen. Durch Veränderungen und den organisatorischen Wandel treten Zustände auf, die Mitarbeiter davon abhalten, eigene Ziele und Interessen zu verfolgen (vgl. Reschreiter 2013, S. 5 f.). Durch das auftretende Ungleichgewicht zwischen Individualzielen und Zielen der Organisation entstehen unterschiedliche Emotionen. Dies untermauert auch die Aussage von Krusche (2015), der speziell in Bezug auf Veränderungsprozesse beschreibt, dass sich Emotionen wie Existenzängste, fehlende Orientierung oder Unsicherheiten bei den Betroffenen (in diesem Fall die Mitarbeiter) anfühlen wie der „Schleudergang in einer Waschmaschine" (vgl. Krusche 2015 S. 24 f.), häufig aber beim Management nicht auf Gehör stoßen. Fehlt an dieser Stelle Empathie, ein aufmerksames Zuhören, das Verständnis für die Befürchtungen und Sorgen oder wird der betroffene Personenkreis nicht ausreichend in den Wandel einbezogen, kommt es zu Konflikten in den im Abschnitt 2.2 beschriebenen, unterschiedlichen Ausprägungen.

Das „Eisbergmodell des Bewusstseins" stützt sich auf Sigmund Freuds allgemeine Theorie der Persönlichkeit (siehe Abb. 1) und veranschaulicht, dass nur ein kleiner Teil, die „Sachebene", also das, was einen Konflikt bestimmt, an der Oberfläche sichtbar ist und wahrgenommen wird. Das Konfliktgeschehen auf „psychosozialer Ebene" (Beziehungsebene) ist nicht unmittelbar zugänglich und muss mit einer geeigneten Intervention erst erschlossen werden (vgl. Wenzel 2008, S. 35). Es kann also festgehalten werden, das „die nicht ersichtlichen Gründe", die Doppler und Lauterburg (2008) ausgeführt haben, auf eine konfliktbelastete Kommunikation zurückzuführen sind und beide Parteien unzureichend Einblick in die gegnerische Beziehungsebene haben. Der Beziehungsebene sind nach Sigmund Freud Botschaften zugeordnet, die Emotionen, Stimmungen, Gefühle und Ängste transportieren. Störungen auf dieser Ebene wirken sich aus diesem Grund auf die inhaltliche Ebene (Sachebene) aus. Es wird demnach schwierig, das „vermeintlich klare Ziel" (Doppler und Lauterburg 2008) zu

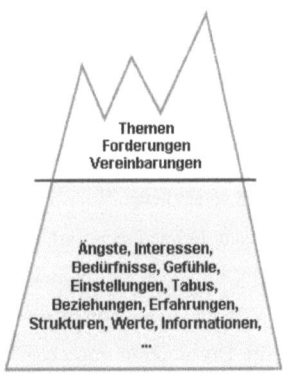

erreichen.

Abb 1: Das Eisbergmodell des Bewusstseins (vgl. Wenzel 2008, S 35 f.).

Neben den beschriebenen möglichen Ursachen von Konflikten auf der psychosozialen Ebene existieren drei weitere Gründe, die als Auslöser bei organisatorischen Veränderungsvorhaben, die speziell bei Partizipation näher in Betracht gezogen werden müssen. Diese können nach Ahlert (Ahlert et. al 2006) in „kognitive Barrieren" (Barrieren des Nicht-Wissens), „affektive Barrieren" (Barrieren des Nicht-Wollens) und „konative Barrieren" (Barriere des Nicht-Könnens) eingeteilt werden.

Kognitive Barrieren sind auf den mangelnden Informationsaustausch der im Netzwerk agierenden Organisationsmitglieder zurückzuführen. Zu unterscheiden sind hier Barrieren des Wissensträgers, die eine Weitergabe des Wissens blockieren, und Barrieren des Wissensempfängers, die die Aufnahme, Verarbeitung und Anwendung der Informationen des Wissensträgers erschweren (vgl. Ahlert et. al 2006, S. 28 f., vgl. Reschreiter 2013, S. 5 f.). Dies lässt sich auch mit den Ausführungen von Zink (2015) unterstreichen, der in seinen Gestaltungsempfehlungen zur Umsetzung von partizipativen Veränderungsvorhaben schreibt, dass eine Umsetzung nur erfolgreich verlaufen kann, wenn sowohl den für die Veränderung Verantwortlichen als auch den von der Veränderung Betroffenen die Notwendigkeit der Veränderung bewusst ist. Veränderungsprozesse dürfen demnach auch nicht durch die Führung diktiert werden, sondern sollten sich aus einer Sensibilisierung der Mitarbeiter und einer umfassenden Information und Kommunikation heraus entwickeln (vgl. Zink 2015, S. 112 ff.).

Affektive Barrieren beziehen sich auf den Willen der Organisationsmitglieder und beschreiben die mangelnde gefühlsseitige Akzeptanz eines Veränderungsprojektes, „da jede Abweichung vom Status Quo zunächst abgewehrt wird, weil alternative Verhaltensweisen dem natürlichen Streben der Mitarbeiter nach Harmonie und Fortführung von Routinen entgegenstehen" (Schmid; Lyczek 2006 S. 410 f). Häufig geht an dieser Stelle eine fehlende Kommunikation (z. B. in Einzelgesprächen) und Einbindung am Veränderungsprozess voraus (vgl. Krusche 2015, S. 22 ff.). Affektive Barrieren treten aber auch bei Führungskräften auf, die befürchten, durch die Veränderung Macht abgeben zu müssen (siehe hierzu auch „Rollenkonflikte" in Abschnitt 2.2). Da der Widerstand in diesem Zusammenhang selten geäußert wird, ist mit mikropolitischem Verhalten seitens der Führungskraft zu rechnen (vgl. Zink 2015 S. 115 ff).

Die Barriere des Nicht-Könnens bezeichnet fehlende Kompetenzen und Möglichkeiten der Organisationsmitglieder. Durch mangelnde Qualifikation wird das Umstellen auf neue Verhaltensweisen der Mitarbeiter erschwert. Sie können die zusammenhängenden Beziehungsgefüge des Veränderungsprozesses nicht oder nur schwer erkennen. Aufgrund der individuell empfundenen Komplexität treten Kapazitätsdefizite auf, die sich bspw. durch Ermüdung und Erschöpfung äußern (Schmid; Lyczek 2006 S. 410 f).

2.4 Das Modell der Konflikteskalation nach Glasl und die Dynamik eines Konfliktes

In der einschlägigen Literatur des Konfliktmanagements finden sich unterschiedliche Stufenmodelle, die Konfliktszenarien näher beschreiben. Eine geeignete Darstellung zur Beschreibung und Analyse eines Konfliktes, in den interveniert werden muss, ist das von Friedrich Glasl entwickelte und empirisch abgesicherte Neun-Sufen-Modell der Konflikteskalation. Das Verständnis für die Konfliktdynamik ist für eine erfolgreiche Deeskalation besonders wichtig. Denn es müssen die Mechanismen erkannt werden, welche die Konfliktparteien zu immer härter werdendem Verhalten antreiben.

Glasl stellt in seinem Eskalationsmodell drei unterschiedliche Ebenen mit insgesamt neun Stufen dar, die eine Einschätzung dahingehend zulassen, in welchem Stadium sich ein Konflikt befindet und mit welchen Auswirkungen für die Organisation zu rechnen ist, wenn ein Konflikt eskaliert. Im Rahmen der Konfliktanalyse, die am Anfang einer jeden Intervention stehen sollte, kann so beurteilt werden, welche Konfliktbearbeitungsmethode am geeignetsten erscheint. Glasl beschreibt die Konflikteskalation als eine hinabführende Treppe, die nach unten hin zunehmend primitivere und unmenschlichere Methoden anwendet und buchstäblich immer weiter in die Abgründe der menschlichen Natur führt (vgl. Reschreiter 2013, S. 4 f.). Das Modell beschreibt weiterhin, dass mit zunehmender Konflikttiefe die verbale Kommunikation zunehmend abnimmt.

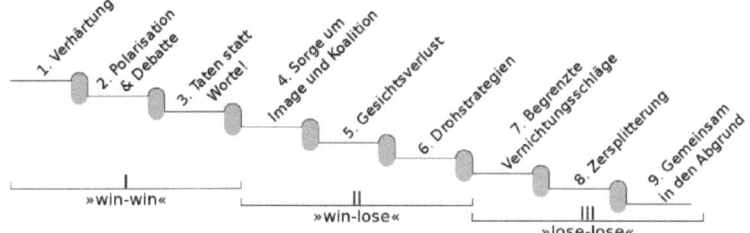

Abb. 2: Das Neun-Stufen-Modell der Konflikteskalation nach Glasl (2010)

Die Stufe 1 „Verhärtung" beinhaltet Spannungen und gelegentliches Aneinandergeraten der zwei Streitparteien. Es herrschen unterschiedliche Meinungen vor, die aber nicht als Beginn eines Konfliktes wahrgenommen werden.

Ab Stufe 2 „Debatte" versuchen die Konfliktparteien mit konkreten Strategien und Argumenten zu überzeugen. Voneinander abweichende Meinungen führen zu Streitereien und es wird beiderseits Druck ausgeübt, was ein zunehmendes Schwarz-Weiß-Denken zur Folge hat.

Auf Stufe 3 „Taten statt Worte" erhöhen die Konfliktpartner zunehmend den Druck auf die andere Partei. Es kommt zum Abbruch von Gesprächen, eine verbale Kommunikation findet nicht mehr statt. Die Situation verschärft sich, das Mitgefühl für die andere Seite schwindet. Befinden sich die streitenden Parteien auf dieser ersten Ebene, ist es noch möglich, dass beide Seiten ohne Schaden oder sogar mit Vorteilen aus der Situation aussteigen. Zumindest ist hier der Wunsch, den den Konflikt zu beenden und eine Win-Win-Situation herbeizuführen (vgl. Glasl 2010, S. 234 ff., vgl. Koschany-Rohbeck 2015 S. 54 ff., vgl. Haag, Rossmann 2015, S. 491 ff., vgl. Reschreiter 2013, S. 4 f.) noch vorherrschend.

Sind die Gegner auf Stufe 4 „Koalitionen" und somit auf der zweiten Ebene des Konfliktes angelangt, werden systematisch Sympathisanten für die eigene Sache gesucht. Die Situation wird immer starrer, rigoroser und feindseliger, da beide Konfliktparteien die gegnerischen Meinungen als totale Gegensätze erleben. Es geht nicht mehr um die Einigkeit auf der Sachebene, sondern darum, dass der Gegner einen Nachteil aus der Konfrontation erleidet.

Auf Stufe 5 „Gesichtsverlust" herrscht kein gegenseitiges Vertrauen mehr. Es folgen Unternehmungen und öffentliche oder direkte Angriffe auf die moralische Glaubwürdigkeit der jeweiligen Akteure. Vorwürfe von Ehrverlust, Verrat oder Verbrechen werden offen geäußert und falsche Absichten unterstellt.

Auf der letzten Stufe der zweiten Ebene „Drohstrategien" werden gezielte Drohungen, Gegen-drohungen, Erpressungen und Ultimaten ausgesprochen, die eine Einschüchterung und das Provozieren von Fehlentscheidungen aufgrund des hohen Stressfaktors zum Ziel haben. Wut und Angst sind die Folge, die bei den Beteiligten zu irrationalem Verhalten führen, was in gewalt- und machtbezogenes Verhalten mündet. Am Ende der sechsten Stufe steht der Kontrollverlust über die Situation. Aus der zweiten Ebene geht eine Partei als Verlierer hervor, während sich die andere Seite als klassischer Gewinner betrachtet (Win-Lose). Durch eine geeignete Interventionstechnik kann es jedoch noch gelingen, den Konflikt beizulegen (vgl. ebd.).

Durch die vorangegangenen Drohstrategien und die damit ausgelösten Ohnmachtsgefühle wird der gegnerischen Seite auf Stufe 7 in Ebene drei „begrenzte Vernichtungsschläge" mit allen Tricks empfindlich geschadet. In diesem Stadium des Konfliktes wird jeder Verlust des Gegenübers schon als Gewinn verbucht – selbst wenn sich die eigene Seite dadurch selbst Schaden zufügt. Die Sicherung der eigenen Existenz und die Schädigung des Gegners stehen im Mittelpunkt des Konfliktes.

Auf Stufe 8 „Zersplitterung des Gegners" zielen beide Parteien auf die Zerstörung der gegnerischen Entscheidungszentren. Es wird versucht, den Zusammenhalt der feindlichen Teams zu erschüttern und von der Versorgung abzuschnüren sowie lebenswichtige Funktionen zu attackieren. Massive Probleme treten auf, die bis hin zur physisch-materiellen, seelisch-sozialen oder geistigen Zerstörung führen. In der letzten Stufe „gemeinsam in den Abgrund" führt kein Weg mehr zurück, und es kommt zur totalen Konfrontation beider Seiten. Die Gewalt in der vorherigen Stufe ufert völlig aus. Das oberste Ziel ist die Vernichtung des Gegners – auch wenn dies die Selbstvernichtung bedeutet. Auf der dritten Ebene entstehen für beide Seiten ausschließlich Verluste (Lose-Lose) (vgl. Glasl 2010 S. 239 f., vgl. Koschany-Rohbeck 2015, S. 54 f., vgl. Wenzel 2008, S. 55 ff., vgl. Domendos Consulting 2015).

2.5 Auswirkungen von Konflikten

Genau wie die Konfliktarten und die auftretenden Verhaltensweisen während eines Konfliktes sind die Auswirkungen sehr unterschiedlich und variabel. Denn sie erwachsen aus dem Umgang mit dem Konflikt und können nutzen, aber auch schaden (vgl. Glasl 1998 S. 14 f., vgl. Wenzel 2008, S. 72 f.).

Die Ergebnisse, die aus Streitigkeiten in Organisationen erwachsen, können durchaus positiv ausfallen. Hierfür muss aber zur richtigen Zeit und auf einer der unteren Stufen von Glasls (2010) Eskalationsmodell interveniert werden. Es gilt, das Problem frühzeitig zu erkennen, bevor sich der Streit weiter verschärft. Als problematisch sind vor allem jene Konflikte anzusehen, deren Ursache oder Gegenstand außerhalb der Person zu finden sind, wie die in Abschnitt 2.2 beschriebenen Sachverhalts- oder Interessenskonflikte verdeutlichen. Sind die beteiligten Parteien konfliktfähig, ist es möglich, dass nach der Beilegung positive Auswirkungen des Streits überwiegen.

Beispielsweise können durch die konstruktive Bearbeitung von Konflikten Innovationen gefördert, Kreativität stimuliert und die Gruppenkohäsion gestärkt werden (vgl. Niebuhr 2011, S. 26 ff., vgl. Wenzel 2008, S. 72 f.). Wespers (1999) nennt als Voraussetzung für die Produktivität eines Konfliktes ein Mindestmaß an Motivation und den von Glasl in Abschnitt 2.4 beschriebenen Wunsch, aus dem Konflikt auszusteigen. Die Autorin hält diese positiven Aspekte sogar für notwendig, damit eine Organisation anpassungsfähig bleibt und nicht stagniert, weißt jedoch darauf hin, dass Konflikte meist in den Augen der Betroffenen „eine negative Bedeutung haben und mit Betroffenheit bzw. Unbehagen einhergehen, sowie negative Konsequenzen für wahrscheinlicher gehalten werden als positive Konsequenzen" (vgl. Wespers 1999 S. 27 f.).

Wenn die beteiligten Seiten von sich aus nicht konfliktfähig sind und sich nach Glasl auf der Win-Lose-Ebene oder Lose-Lose-Ebene befinden (siehe Abschnitt 2.4), gehen von einem Konflikt negative Auswirkungen aus. Nicht nur die Beteiligten leiden durch seelische und körperliche Belastungen unter den Auswirkungen des Konfliktes. Die schlechte Stimmung schadet der ganzen Belegschaft und im schlimmsten Fall auch dem Verhältnis zu Kunden, Shareholdern und Stakeholdern. Hinzu kommen hohe Kosten: sichtbare und unsichtbare Kosten. Sichtbare Ausgaben sind z. B. Gerichts- und Anwaltskosten, Kosten in Folge von Krankheitsausfällen oder für Abfindungen bei der Beendigung eines Arbeitsverhältnisses. Verdeckte Kosten entstehen durch erhöhte

Mitarbeiterfluktuation, „Dienst nach Vorschrift" und innere Kündigung der Mitarbeiter. Die Folge sind Produktivitätseinbußen und Qualitätsverluste, also durchaus Risiken, die für das Unternehmen im Einzelfall bestandsgefährdend sein können (vgl. Kaiser 2011, S. 20 ff.).

2.6 Zwischenfazit

Eine in die Unternehmenskultur integrierte Konfliktkultur hilft, dem genannten Effizienzverlust möglichst vorzubeugen und aufkeimende Konflikte sauber zu bereinigen. Für die schnelle Bereinigung akuter Probleme und verhärteter Konflikte, mit dem Ziel, das Gleichgewicht innerhalb des Systems wiederherzustellen, ist jedoch eine wirkungsvolle und konstruktive Interventionstechnik nötig, die eine faire, zukunftsweisende, gerechte und verbindliche Lösung anstrebt. Der Zukunftsorientierung entsprechend sollte die Entstehung und der bisherige Konfliktverlauf eine nebensächliche Rolle spielen. Vielmehr muss – wie das im Verlauf dieser Arbeit näher beschriebene Eisbergmodell, aber auch die Konfliktarten und das Konflikteskalationsmodell nach Glasl anschaulich zeigen – Gefühlen, Werten, Bedürfnissen oder Ängsten Raum gegeben werden. Nur durch einen strukturierten und wechselseitigen Austausch über die Hintergründe des Streits kann die Kommunikationsfähigkeit wiederhergestellt sowie ein Weg gefunden werden, auch in Zukunft miteinander gedeihlich umzugehen.

3. Mediation als kurative Disziplin der Organisationsentwicklung bei Konflikten

In Abschnitt 2.5 wurde beschrieben, dass der konstruktive Umgang mit Konflikten auch zu einer positiven Veränderung – in persönlicher Hinsicht, aber auch auf organisationaler Ebene – beitragen kann, vorausgesetzt sie können konstruktiv gelöst werden. Wie das Eskalationsmodell von Glasl (siehe Abschnitt 2.4) und die beschriebenen Konfliktarten (siehe Abschnitt 2.2) deutlich machen, verdrängen Vermeidung, Resignation, Nachgeben sowie psychische und physische Gewalt lediglich Konflikte und weiten sie sogar noch weiter aus, ohne sie auszutragen, um zu einer für beide Seiten akzeptablen Lösung zu gelangen.

Im nachfolgenden Kapitel wird die Mediation als schonende, konstruktive und strukturierte Interventionsmethode bei Konflikten in Organisationen vorgestellt.

3.1 Was ist Mediation?

Der Begriff „Mediation" entstammt der lateinischen Sprache und leitet sich vom Adjektiv „medius" ab, was übersetzt „zwischen zwei Ansichten, zwischen Parteien die Mitte halten", „einen Mittelweg finden" oder sich „neutral verhalten" bedeutet (vgl. Koschany-Rohbeck 2015, S. 4 f.). In der Literatur finden sich zahlreiche Erklärungen darüber, was unter der Mediation zu verstehen ist. Meist wird sie als Verfahren, als Methode oder gar als Lösung bzw. Lösungsweg beschrieben, Konflikte zu regeln, gefolgt von Attributen wie „gewaltfrei", „außergerichtlich", „kurativ" und „konstruktiv". Eine schlanke und allumfassende Definition im Kontext dieser Arbeit liefert der deutsche Gesetzgeber in § 1 des MediationsG. In Abs. 1 wird Mediation wie folgt definiert: „Mediation ist ein vertrauliches und strukturiertes Verfahren, bei dem die Parteien mithilfe eines oder mehrerer Mediatoren freiwillig und eigenverantwortlich eine einvernehmliche Beilegung ihres Konfliktes anstreben" (vgl. Koschany-Rohbeck 2015, S. 1 f., vgl. §1 MediationsG Abs. 1, S. 1577).

Diese Definition ist für die weiteren Gedankengänge insofern geeignet, da sie den konfliktbelasteten Kommunikationsprozess beinhaltet, der nach einer Strukturiertheit verlangt, alle Beteiligten einschließt und auf den Wunsch beider Seiten, den Streit einvernehmlich „unter Berücksichtigung des Denkens, Fühlens oder Wollens" zu lösen (Glasl 1997), abzielt. Die Mediation ist demnach ein außergerichtliches, informelles Konfliktbeilegungsverfahren, bei dem eine unparteiische Stelle eine echte Konfliktlösung herbeizuführen versucht – also eine Konfliktvermittlung und Herstellung der Kommunikationsbereitschaft sowie im günstigsten Fall die Lösung des Problems. Anders als bei juristischen oder bei Schiedsgerichtsverfahren strebt die Mediation ein gegenseitiges Verstehen und eine operative Bewältigung des Konfliktes an.

3.2 Die Rolle des Mediators als neutraler Dritter

Um zu einer einvernehmlichen Lösung zu gelangen, agiert der Mediator nach den „Grundsätzen der Mediation" und unterstützt beide Streitparteien während des Verfahrens. Aufgrund der „Freiwilligkeit" können die Beteiligten jederzeit das Verfahren abbrechen. Er „informiert" beide Seiten über alle für sie relevanten und rechtlichen Tatsachen des Verfahrens (Informiertheit). Die Inhalte beruhen auf dem Grundsatz der „Vertraulichkeit". Nur die Beteiligten selbst sowie der Mediator haben davon Kenntnis. Der Mediator führt die Beteiligten „selbstverantwortlich" (Selbstverantwortlichkeit) und „fair" (Fairness) durch das Verfahren. Er selbst entscheidet jedoch nicht, wie der Konflikt gelöst werden soll und hat keine Entscheidungsgewalt. Durch seine neutrale Haltung und „Allparteilichkeit" darf er also auch kein eigenes Interesse am Konfliktausgang haben, sondern muss sich für die Interessen beider Parteien einsetzen und ein Gleichgewicht zwischen ihnen herstellen. Der Mediator ist nicht für die Gesprächsinhalte verantwortlich, sondern nur für den Verlauf der Mediation. Er blickt gezielt unter die Oberfläche, auf den verborgenen Teil des Eisberges (siehe Abschnitt 2.3), und hilft den Streitparteien, sich über ihre wahren Beweggründe, Interessen und Gefühle im Klaren zu werden und diese auch zu äußern. Für einen erfolgreichen Verlauf eines Mediationsverfahrens und der Mediation als Disziplin der Organisationsentwicklung sind insbesondere die Qualitäten des Mediators ausschlaggebend, die sich zu einem Großteil mit denen eines Beraters der Organisationsentwicklung decken.

Koschany-Rohbeck (2015) nennt in diesem Zusammenhang die Fähigkeiten zur Empathie, zum aktiven Zuhören, zur Wertschätzung, zum Paraphrasieren mit Hilfe der gewaltfreien Kommunikation nach Marshall B. Rosenberg, zur Anwendung von Fragetechniken und zum Reframing und Zusammenfassen. Aber auch der Umgang mit schwierigen Gesprächssituationen sowie spezielle Visualisierungs- und Moderationstechniken sollten zu den Werkzeugen eines guten Mediators gehören (vgl. Koschany-Rohbeck 2015, S. 111 ff.). Aufgrund des Rahmens und des begrenzten Umfangs dieser Arbeit wird an dieser Stelle nicht näher auf die Kompetenzen des Mediators eingegangen.

3.3 Mediation, ein strukturiertes Konfliktbeilegungsverfahren

In der Literatur finden sich unterschiedliche Modelle, die den Ablauf einer Mediation beschreiben. Die einzelnen Phasen sind logisch aufeinander aufgebaut – unabhängig davon, ob die Abfolge aus drei, fünf oder acht Schritten besteht. Jedes dieser Modelle beschreibt die Entwicklung einer Konfliktdeeskalation, die das wechselseitige Verstehen der Parteien und die Kommunikation Schritt für Schritt wiederherstellt. Ein strukturierter Ablauf ist für den Mediator notwendig, um komplizierte Verhandlungssituationen in Einzelschritte zu zerlegen und diese systematisch abarbeiten zu können sowie das Verhalten der Konfliktbeteiligten fortlaufend zu überprüfen. Wichtig ist dabei auch die Einhaltung der Reihenfolge, denn gerade in Organisationen können Konflike sehr komplex sein, sodass der Verfahrensablauf individuell und flexibel gesteuert werden muss (vgl. Hofmann et al. 2008, S. 131 f.).

Das im Folgenden vorgestellte Modell von Friedman und Himmelstein setzt auf den Ablauf von fünf aufeinanderfolgenden Phasen:

In der Eröffnungs- und Einleitungsphase, stellt der Mediator das Mediationsverfahren mit den im Abschnitt 3.1 beschriebenen Grundsätzen vor und grenzt dieses von anderen Schlichtungsverfahren ab. Besonders wichtig ist, zu Beginn die Motivation der Klienten zu erfragen, was sie sich vom anstehenden Verfahren erhoffen und ob diese Hoffnungen realistisch sind. Falls im Vorfeld Gespräche statt-gefunden haben, fasst der Mediator diese zusammen und greift noch einmal die Punkte daraus auf, bei denen Klärungsbedarf besteht. Es werden im Anschluss allgemeine Gesprächsregeln und Regeln, die einer besseren Kommunikation sowie einem offenen und vertrauensvollen Verhalten dienen sollen, aufgestellt. Am Schluss der ersten Phase steht die Unterzeichnung des Honorarvertrages (im Falle eines externen Mediators) sowie die Abfassung eines schriftlichen Vertrages, der mit der Zustimmung und Unterschrift der Klienten Gültigkeit erlangt.

In der zweiten Phase im weiteren Verlauf des Mediationsverfahrens, nutzt der Mediatior seine Kompetenzen im Bereich der Visualisierung und Moderation. Im Rahmen der Themensammlung werden für jede Partei die für die Mediation relevanten Punkte mit kurzen Stichpunkten und Überschriften notiert. Dies erfolgt zügig, konzentriert und ohne Diskussion. Er achtet dabei besonders auf die gerechte Verteilung der Sprechzeiten. Durch die Fähigkeit des aktiven Zuhörens muss der Mediator alle Nuancen erfassen können und sich durch gezieltes Nachfragen vergewissern, ob die Klienten mit der Formulierung einverstanden sind. Die Themensammlung beider Parteien wird jeweils durch eine Gewichtung der Punkte abgeschlossen. Im nächsten Schritt erfolgt die Herstellung einer Wechselseitigkeit. Für den Mediator ist es hierbei interessant zu erfahren, wo Konsens und wo Dissens herrschen. Der letzte Schritt in Phase zwei ist die Festlegung der Reihenfolge, in der die einzelnen Themen bearbeitet werden.

Das Herzstück des Mediationsverfahrens ist die dritte Phase. Hier gilt es, die versteckten Bedürfnisse und Interessen, die hinter den jeweiligen Ansichten der Parteien stehen, systematisch aus dem – im übertragenen Sinne – verborgenen Teil des Eisberges freizulegen. Dabei ist für den Mediator seine Fähigkeit der Empathie und des Zuhörens besonders wichtig. Denn jetzt geht es darum, die unterschiedlichen Perspektiven beider Seiten in Gefühle und Bedürfnisse zu übersetzen und auf gleicher Ebene zusammenzuführen. Die erarbeiteten Ergebnisse werden auf einer neuen Seite eines Flipcharts notiert, auf die in der nächsten Phase der Mediation zurückgegriffen wird. Die Aufdeckung der wirklichen Wünsche und Interessen sowie das Wertesystem sind insofern wichtig, da sie für beide Konfliktparteien einen Blick auf die gegnerische psychosoziale Ebene ermöglichen und das während des Konfliktes verlorengegangene gegenseitige Verständnis, das Mitgefühl und die Kommunikation wieder herzustellen vermögen, die mit fortschreitender Dauer des Konfliktes verloren gegangen sind (siehe zweite Ebene der Konflikteskalation, S. 9 ff.). Erst wenn beide Parteien sich wieder aufeinander zu bewegen, folgt die vierte Phase.

Sie beginnt mit einem Brainstorming auf Grundlage der von allen Parteien akzeptierten Themenliste, Prioritäten und Bedürfnisse. Unterschiedliche Vorschläge für eine mögliche Lösung der einzelnen Konfliktpunkte werden entwickelt und gesammelt. Dabei ist es ganz egal, ob diese letztlich realisierbar sind oder nicht. Im Anschluss erfolgt eine gemeinsame Bewertung der Punkte auf Tauglichkeit durch die Klienten. Untaugliche Punkte werden von der Liste gestrichen. Ziel dieser Vorgehensweise ist es, dass sich die Konfliktparteien für Alternativen öffnen, von ihrem bisher als einzig möglich erachteten, persönlichen Standpunkt abrücken und sich folglich von Glasls (2010) Lose-Lose-Ebene oder Win-Lose-Ebene hin zu einer für beide Seiten akzeptablen Win-Win-Lösung bewegen (siehe hierzu auch Abschnitt 2.4).

Kommt es zu einer einvernehmlichen Lösung, die für beide Parteien tragbar erscheint, wird in der fünften und letzten Phase eine Vereinbarung in Form eines schriftlichen Memorandums verfasst, die von beiden Seiten unterzeichnet wird. In diesem Schritt ist es wichtig, dass alle inhaltlichen Punkte realisierbar sind und auch termingerecht ausgeführt werden können (vgl. Hofmann et al. 2008, S. 131 ff., vgl. Lipke 2015, S. 1 ff., vgl. Jakobi 2006, S. 16 ff.).

Bei den in 2.2 beschriebenen gängigen Konfliktarten in Organisationen ist in aller Regel an dieser Stelle das Mediationsverfahren beendet. Eine Überprüfung durch außenstehende Experten ist normalerweise nicht notwendig bzw. üblich, da es sich bei Konflikten bei Veränderungsprozessen häufig um rein zwischenmenschliche Konflikte handelt. Die Mediationsvereinbarung sollte vielmehr eine gemeinsame Gestaltung der Zukunft darstellen. Denn was den Klienten für die weitere Zusammenarbeit wichtig ist, haben sie miteinander im Mediationsverfahren erarbeitet.

3.4 Vorteile des Mediationsverfahrens in Veränderungsprozessen

Müller und Lenz (1999) sehen das Prinzip der Eigen- bzw. Selbstverantwortlichkeit (siehe Abschnitt 3.1) als wichtigen Vorteil des Mediationsverfahrens. Ähnlich wie bei der systemischen Beratung in der OE, erarbeiten sich in diesem Fall die Streitparteien die Lösung ihres Konfliktes selbst. Sie entscheiden somit über den Verlauf, den Inhalt und das Ergebnis. Ganz im Gegensatz zu einem Gerichtsverfahren oder einer Entscheidung durch Vorgesetzte ist eine Lösung erst gefunden, wenn beide Seiten damit einverstanden sind. Eine Lösungsfindung ist nicht zwingend notwendig. Die Parteien können das Verfahren zudem jederzeit abbrechen. Auf diese Art und Weise der Verhandlungsführung können differenzierte Lösungen durch die Beteiligten erarbeitet werden, die auch die konkrete Situation des Gegenübers berücksichtigen (vgl. Müller; Lenz 1999, S. 84 ff.).

Mediation spart finanzielle Mittel: Zum einen können die Termine des Verfahrens sowie die Dauer flexibel gestaltet werden. Gesetzliche Fristen gibt es nicht. Somit werden durch die Mediation Konflikte zeitnah geklärt und die Arbeitsfähigkeit eines Teams oder Abteilung schnell wiederhergestellt bzw. die betroffenen Personen psychisch entlastet. Zum anderen fallen bei einer Mediation wesentlich geringere

Kosten an als bei aufwendigeren Maßnahmen im Rahmen einer Organisationsentwicklung oder bei juristischen Prozessen, die sich ggf. über mehrere Instanzen erstrecken können (vgl. Jakobi 2006, S. 14 f.).

Der Konflikt als solcher und die daraus entstandenen persönlichen und organisationalen Probleme sind nicht Ausgangspunkt des Verfahrens. Schwerpunkt der Mediation als zukunftsorientiertem Verfahren (siehe Phase drei bis fünf in Abschnitt 3.3) ist vielmehr das „Wie" und „Wohin". Hier findet sich ebenfalls der Systemgedanke wieder. Denn die Mediation regt die Parteien an, den Blick nach vorne zu richten, um ihre persönlichen und sozialen Ressourcen zu stärken und um gemeinsam den Konflikt zu meistern. Um aus dem Konflikt im günstigsten Fall sogar Vorteile für die Zukunft zu ziehen, ist eine gemeinsame Kooperationsbereitschaft notwendig, die schon während des Mediationsverfahrens in Form einer Veränderung der Dialogstruktur (siehe Abschnitt 3.3) wiederaufgenommen wird.

Auf der fünften und sechsten Stufe des Eskalationsmodells nach Glasl ist das für den Mediator nicht einfach. Denn hier gilt es, durch Empathie und Einfühlungsvermögen immer wieder zu verdeutlichen, woran in der Mediation gemeinsam gearbeitet wird und welcher Nutzen für alle Beteiligten besteht: Eine gerechte Lösung für beide Seiten herbeizuführen. Mediation als kurative Interventionstechnik fördert somit Kooperation statt Konfrontation und einen friedlichen und produktiven Umgang mit unterschiedlichen Ansichten und Wertvorstellungen (vgl. Weckert; Oboth 2011, S. 45 f.). Es bestehen gute Chancen, das Arbeitsverhältnis zwischen den Konfliktpartnern aufrechtzuerhalten oder wiederherzustellen. Bestenfalls dient eine erfolgreich durchgeführte Mediation zusätzlich als Präventionsmaßnahme und stärkt die Konfliktfähigkeit der Beteiligten, die in Zukunft ihre Konflikte besser werden bewältigen können.

Für die Streitparteien ist der Grundsatz der Vertraulichkeit (siehe Abschnitt 3.1) ein wichtiger Punkt. Denn Gesprächsinhalte und auch Teile davon sollten nicht an die Öffentlichkeit gelangen oder firmenintern verbreitet werden. Sie können Einzelpersonen, Abteilungen und ganzen Organisationen in ihrem Ansehen genauso schaden wie bspw. ein juristischer Prozess. Die Mediation bietet einen geschützten Rahmen und einen vertraulichen Umgang mit Informationen, wenn dies von den Beteiligten respektiert wird (vgl. Jakobi 2006, S. 14 f., vgl. Müller; Lenz 1999, S. 84 ff.).

3.5 Kritik an der Mediation als Konfliktbewältigungsverfahren

Mediation ist keine Garantie für eine erfolgreiche Beilegung eines Konfliktes. Anders als bei einem juristischen Urteil oder einer endgültigen Entscheidung der Führungskraft muss der Konflikt im Falle des Scheiterns anderweitig fortgeführt werden, was für beide Parteien einen zusätzlichen Zeit- und Kostenaufwand bedeutet.

Bei einer Mediation müssen die Beteiligten auch selbst ihre Interessen wahrnehmen. In einer direkter Konfrontation mit dem Konfliktpartner haben sie die Aufgabe, selbst und eigenverantwortlich Lösungen zu erarbeiten. Ganz anders als bei Entscheidungen durch einen Dritten tragen sie die volle Last der Verantwortung über den Ausgang der Verhandlung selbst und müssen ggf. bei Vorgesetzten Rechenschaft ablegen, wenn das Ergebnis negativ ausgefallen sollte (vgl. Jakobi 2006, S. 14 f.).

Ein Risiko stellt der strategische Missbrauch des Mediationsverfahrens dar. Es handelt sich dabei um Möglichkeiten, sich Vorteile zu verschaffen, die sich aus dem in diesem Abschnitt bereits genannten Grundsatz der Vertraulichkeit (siehe 3.1) ziehen lassen: Während des Verfahrens kommen oft sehr brisante Informationen ans Tageslicht – vor allem auch persönliche Elemente auf psychosozialer Ebene – die im Arbeitsleben verborgen geblieben sind und überhaupt für eine Einigung notwendig wären. Gerade in Wirtschaftsunternehmen ist es deshalb nicht ganz abwegig, die Mediation als eine Strategie der Informationsgewinnung zu nutzen, um Beweisen nachzugehen, Zeit zu gewinnen oder um relevante Auskünfte für einen Anschlussprozess zu erhalten. Ein solcher Verfahrensmissbrauch kann nie vollkommen ausgeschlossen werden – auch nicht durch eine Beweisverwertungsklausel in der Mediationsvereinbarung, da diese für Dritte nicht bindend ist (vgl. Schneider 2014, S. 1, vgl. Jakobi 2006, S. 14 f.).

Ein weiteres Problem stellt der in Abschnitt 3.1 angesprochene Grundsatz der Freiwilligkeit dar. Ein Mediationsverfahren setzt bei den Beteiligten Mut, Durchhaltevermögen und Kraft voraus. Unabdingbar für den Erfolg eines Mediationsverfahrens ist aber vor allem auch, dass die beteiligten Medianten sämtlich daran interessiert sind, den Konflikt mit Hilfe eines neutralen Dritten eigenverantwortlich zu bearbeiten um eine Win-Win-Lösung herbeizuführen.

Für den Mediator ist es oft schwierig, diese Freiwilligkeit und die Mediierbarkeit des Konfliktes zweifelsfrei zu erkennen. Hinrichs (2014) spricht hier von einer

Zahnarztfeiwilligkeit. Die Beteiligten nehmen es oftmals nur hin, dass sie sich mittels Mediation konstruktiv mit einem Konflikt auseinandersetzen sollen, Stehen aber nicht wirklich dahinter. Hinrichs betont weiterhin, dass in der Praxis nicht selten durch Vorgesetzte Druck ausgeübt wird. Sie wirft die Frage in den Raum, ob in solchen Situationen überhaupt noch von Freiwilligkeit gesprochen werden kann (vgl. Hinrichs 2014, S. 41, ff.).

4. Fazit und Ausblick

Mediation stellt kein Allheilmittel dar, bei deren Anwendung sich jeglicher Konflikt wie von selbst „in Luft auflöst". Sie macht nur Sinn, wenn die Konfliktparteien durch den Mediator erreichbar sind, sich also nach Glasl (2010) auf der ersten oder zweiten Ebene (siehe Abschnitt 2.4) befinden. Ist ein Konflikt bei Veränderungsprozessen weit fortgeschritten, sind zukunfts- und konsensorientierte Win-Win-Ergebnisse durch eine Mediation kaum mehr möglich und eine Entscheidung durch den Vorgesetzten oder durch die Geschäftsführung notwendig, um die Situation zu bereinigen. Eine wirkungsvolle Verankerung der Mediation innerhalb eines Unternehmens könnte ein allparteiliches Mediationsbüro darstellen, welches aus einem oder mehreren Konfliktlotsen mit Mediatorausbildung besteht. Es könnte z. B. bei Veränderungsprozessen im Auftrag des Change Managements arbeiten und zeitnah eine Lösung herbeiführen. Aber auch hier ist die Freiwilligkeit am Verfahren für die erfolgreiche Arbeit dieser Konflikt-Clearingstelle maßgeblich. Die Medianten müssen selbstverantwortlich und ohne Entscheidungsdruck das Verfahren durchlaufen. Bei Misserfolg dürfen keine Sanktionen erfolgen.

Um die notwendige Akzeptanz bei den Mitarbeitern zu schaffen, kommuniziert werden, über welche Rollen und Schlüsselkompetenzen Mediatoren verfügen und welche Erfolge sich mit einem Mediationsverfahren erzielen lassen. Um überzeugend argumentieren zu können, braucht es ebenfalls eine fundierte Ausbildung und Fortbildung, die die Qualität des Verfahrens dauerhaft sichert. Nur so wird die Mediation in Organisationen langfristig positive Auswirkungen erzielen.

Kreuser et al. (2012) bezeichnen die Mediation als ein Streitschlichtungsverfahren, das einem Menschenbild folgt und konträr zum Alltagsselbstverständnis steht. Sie baut auf

Problemlösungen, Selbstlernprozesse und Selbstorganisation bei individuellen Anpassungen an neue Situationen und Anforderungen und auf die Selbstüberwindung unproduktiver Einstellungen und Erwartungen (Kreuser et al. 2012, S 76, f.). Dies machen auch die Ausführungen in dieser Arbeit deutlich. Mediation ist somit eine Interventionstechnik, die besonders bei Veränderungsprozessen und in Bezug auf das organisationale Lernen geeignet erscheint.

5. Literaturverzeichnis

Ahlert, Martin; Blaich, Günther; Spelsiek, Jan (2006): Vernetztes Wissen - Organisationale, motivationale, kognitive und technologische Aspekte des Wissensmanagements in Unternehmensnetzwerken. Springer Verlag, Wiesbaden.

Angler, Susanne (2004): Konflikte in Organisationen. Entstehung, Bewertung und Interventionsmöglichkeiten. Grin-Verlag, München.

Depré, Peter (2012): Streitfälle außergerichtlich lösen - Die Alternativen zum staatlichen Gerichtsverfahren kennen und nutzen; Textbausteine, Mustervereinbarungen, hilfreiche Adressen. Walhalla Rechtshilfen, Regensburg.

Domendos Consulting (2015): Verfasser unbekannt. Konflikteskalation nach Friedrich Glasl. Url: http://www.domendos.com/fachlektuere/fachartikel/artikel/konflikteskalation-nach-friedrich-glasl/, aufgerufen am: 03.09.2015.

Doppler, Klaus; Lauterburg, Christoph (2008): Change Management: Den Unternehmenswandel gestalten. Campus Verlag, Frankfurt/M.

Falk, Gerhard; Heintel Peter; Krainz, Ewald E. (2005): Handbuch Mediation und Konfliktmanagement. Springer Verlag, Wiesbaden.

Geis, Anna (2005): Regieren mit Mediation. Springer Verlag, Wiesbaden.

Getting Involved (2015): Tools for Changemakers. Verfasser unbekannt. Url: http://de.getting-involved.net/wiki/Konfliktursachen, aufgerufen am: 03.09.2015.

Glasl, Friedrich (1997): Konfliktmanagement. Ein Handbuch für Führungskräfte, Beraterinnen und Berater. Verl. Freies Geistesleben, Stuttgart.

Glasl, Friedrich (1998): Konfliktfähigkeit statt Streitlust; Verl. Freies Geistesleben, Stuttgart.

Haag, Patrick; Rossmann, Patrick (2015): Management kleiner und mittlerer Unternehmen - Strategische Aspekte, operative Umsetzung und Best Practice. De Gruyter, Oldenbourg.

Hinrichs, Ulrike (2014): Praxishandbuch Mediationsgesetz (De Gruyter Praxishandbuch). De Gruyter, Berlin.

Höher, Peter; Höher, Frederike (2012): Konfliktmanagement: Konflikte kompetent erkennen und lösen. EHP Verlag, Köln.

Hofmann, Roland; Rothfischer, Doris; Trossen, Arthur (2008): Mediation: die Grundlagen der Mediation in Theorie und Praxis. Win-Management GmbH, Altenkirchen.

Kaiser, Christian (2011): Steigerung der individuellen Arbeitsleistung der Mitarbeiter im internationalen Unternehmen. Diplomica Verlag, Hamburg.

Koschany-Rohbeck, Marianne (2015): Praxishandbuch Wirtschaftsmediation - Grundlagen und Methoden zur Lösung innerbetrieblicher und zwischenbetrieblicher Konflikte. Springer Verlag, Wiesbaden.

Kreuser, Karl; Heyse, Volker; Robrecht, Thomas (2012): Mediationskompetenz - Mediation als Profession etablieren. Theoretischer Ansatz und zahlreiche Praxisbeispiele. Waxmann Verlag, Münster.

Krusche, Bernhard (2015): Organisationsentwicklung im Rahmen von Mergerprozessen. Studienbrief OE4-C30, TU Kaiserslautern.

Lenz, Christine; Müller, Andreas (1999): Businessmediation – Einigung ohne Gericht. Verlag Moderne Industrie GmbH, Landsberg.

Lipke, Lis (2015): Struktur der Mediation, in: Heidelberger Institut für Mediation. Url: http://www.mediation-heidelberg.de/pdf/ripke.pdf, aufgerufen am: 24.08.2015.

Mesner, Judith; Theuerkauf, Klaus (2014): Integratives Verhandeln im Gesundheitswesen: Konzept zum Stärken der Eigentätigkeit in Verhandlungen der Selbstverwaltung. MV Wissenschaft, Münster.

Niebuhr, Monika (2011): Konflikte im Betrieb - Eine erziehungswissenschaftliche Studie zur Perspektive der Beteiligten. Springer Verlag, Wiesbaden.

Proksch, Stephan (2011): Konfliktmanagement im Unternehmen - Mediation als Instrument für Konflikt- und Kooperationsmanagement am Arbeitsplatz. Springer Verlag, Wiesbaden.

Rüttinger, Bruno; Sauer, Jürgen (2000): Konflikt und Konfliktlösen: Kritische Situationen erkennen und bewältigen. Rosenheimer Fachverlag.

Schettgen, Peter (2000): Der alltägliche Kampf in Organisationen. Springer Verlag, Wiesbaden.

Schiersmann, Christiane; Thiel, Heinz-Ulrich (2014): Organisationsentwicklung - Prinzipien und Strategien von Veränderungsprozessen. Springer Verlag, Wiesbaden.

Schmid, Beat, Lyczek, Boris (2006): Unternehmenskommunikation - Kommunikationsmanagement aus Sicht der Unternehmensführung. Grundlagen-Lehrbuch zum Kommunikationsmanagement aus Sicht der Unternehmens-führung (2006). Springer Verlag, Wiesbaden.

Schneider, Silke (2014): Vertraulichkeit der Mediation - Schutz und Grenzen durch das Straf- und Strafprozessrecht. EHV-Verlag, Bremen.

Weibler, Jürgen (2012): Personalführung. Verlag Franz Vahlen, München.

Wenzel, Claus (2008): Konfliktbearbeitung durch Mediation aus berufspädagogischer Sicht: Theoretische Grundlagen, Qualifizierungsansätze und Umsetzungsempfehlungen für mediatives Arbeiten in der Schule. University Press, Kassel.

Werpers, Katja (1999): Konflikte in Organisationen: Eine Feldstudie zur Analyse interpersonaler und intergruppaler Konfliktsituationen. Internationale Hochschulschriften. Waxmann Verlag, Münster.

Wikipedia (2015): Verfasser unbekannt. Konflikteskalation nach Friedrich Glasl. URL: https://de.wikipedia.org/w/index.php?title=Konflikteskalation_nach_Friedrich_Glasl&&oldid=138279080. Abgerufen am: 15.09.2015.

Ziegler, Rita-Maria; Meyer, Gerhard (2013): Konfliktmanagement - Leadership-Modul für Führungsfachleute. Compendio Bildungsmedien AG, Zürich.

Zink, Klaus J. (2015): Mitarbeiterbeteiligung bei Verbesserungs- und Veränderungs-prozessen. Studienbrief OE4-C20, TU Kaiserslautern.